세상을 보는 눈 지도

기획·글 청동말굽

이 책을 기획하고 글을 쓴 청동말굽은 아동학을 공부한 김민화, 김경화 선생님을 중심으로 문학, 미디어, 교육 등 서로 다른 전문 분야에서 일하는 사람들이 좋은 어린이책을 만들자는 마음으로 뭉친 기획팀입니다. 청동말굽은 다양한 경험과 지식을 한데 모아 어떻게 하면 좋은 어린이책을 만들까 고민하고 있습니다. 작은 지식을 전달하는 것보다는 어린이 스스로 옳고 그름을 판단할 수 있는 올곧은 관점이 서도록 도와주는 책을 기획하고 쓰는 게 청동말굽의 바람입니다. 청동말굽을 타고 하늘을 날아오르던 옛 신화의 주인공같이, 책을 사랑하는 어린이들이 꿈과 지혜의 말굽을 달고 날아올라 마음껏 세상을 구경하고 자신의 꿈을 펼칠 수 있었으면 한답니다.

그림 낙송재

추계예대 동양화과와 동국대 교육대학원 미술교육과를 졸업했습니다. 100회가 넘는 전시회를 통해 작품을 발표하였으며 대한민국미술대전, 후소회 공모전 특선, 중앙 미술대전 등에 입선하였습니다. 『대동놀이』『연싸움』『콜라 장사』『어린이 고려사』『조선의 왕세자는 어린 시절 어떻게 살았을까』 등에 그림을 그렸습니다.

감수 한영우

한국사연구회 회장, 서울대학교 규장각 관장과 인문대 학장, 국사편찬위원회 위원, 한림대학교 특임교수를 거쳐 현재 서울대 명예교수, 이화여대 석좌교수, 문화재청 문화재위원회 위원으로 있습니다. 저서로는 『왕조의 설계자 정도전』『조선전기 사학사 연구』『조선후기 사학사 연구』『조선시대 신분사 연구』『정조의 화성행차』『명성황후와 대한제국』『다시 찾는 우리 역사』『우리 옛지도와 그 아름다움』『역사학의 역사』『규장각』 등이 있습니다.

전통 문화 즐기기

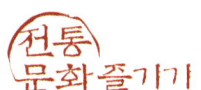

세상을 보는 눈 지도

기획 · 글 청동말굽 | 그림 낙송재
감수 한영우(서울대 명예교수, 문화재청 문화재위원)

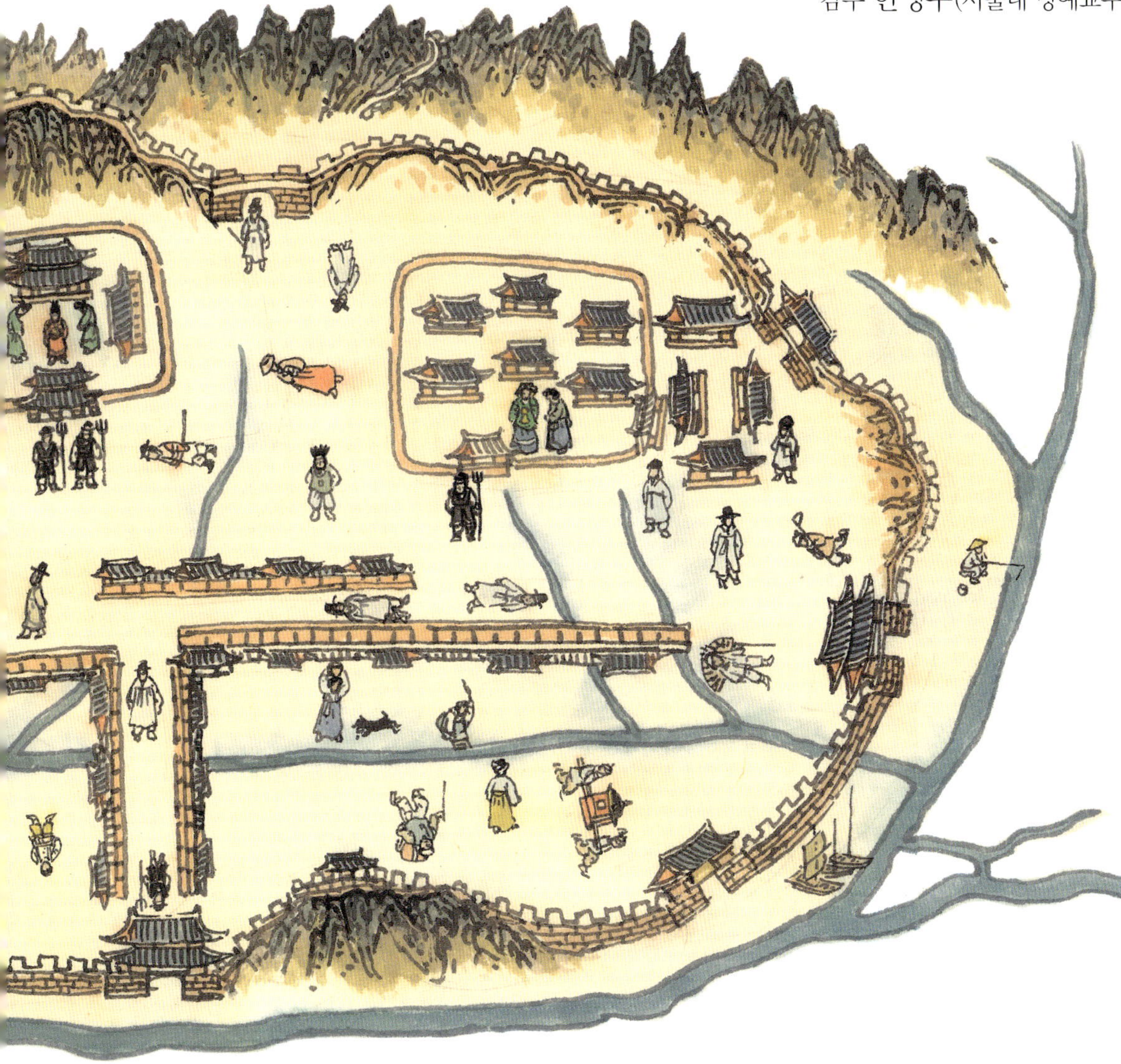

문학동네

옛날 사람들은 우주 모든 것에 생명이 있다고 믿었습니다.
우리가 딛고 사는 땅도 우리가 올려다보는 하늘도
사람처럼 살아 숨 쉬며 우리와 더불어 산다고 생각했습니다.
또한 우주에는 세상 모든 것을 태어나고 자라게 하는 생명의 기운과
병들고 죽게 하는 죽음의 기운이 함께 있다고 믿었습니다.

사람들은 하늘과 물과 바람이 함께 만들어 내는 땅의 모양새를 살펴
좋은 기운이 흐르는 명당에 집을 짓거나 무덤을 썼습니다.
바람으로 좋은 기운이 흩어지지 않는 곳, 하늘과 땅과 물이 맞닿는 모양을 따져
땅의 알맞은 쓰임새를 찾는 것을 풍수라고 합니다.
우리 땅을 생명처럼 여기며 풍수를 기초로 세상을 바라본
조상들의 마음과 태도는 우리 지도에도 고스란히 담겼습니다.

조상들은 우리 땅을 살아 있는 사람처럼 생각했습니다.
맨 꼭대기의 백두산을 머리, 함경도를 아래에서 위로 가로지르는
장백정간을 어깨뼈, 평안도와 황해도를 두 팔, 백두산에서부터
동남쪽으로 지리산까지 끊이지 않고 내려온 웅장한 산줄기를
백두대간이라 하여 등뼈로 보았지요.
백두대간은 경상북도에서 부산과
소백산맥으로 갈라지며 두 다리를 이루고,
제주도와 대마도는 두 발을
이룬다 여겼습니다.
그리고 백두대간에서 서쪽으로 뻗은
13개의 산맥은 사람의 갈비뼈,
그 사이를 흐르는 강은
핏줄이라고 생각했지요.

힘차게 뻗어 나가는 백두대간 〈동국대지도〉

조선 시대 정상기의 〈동국지도〉는 우리나라 전체를 약 42만분의 1 정도로 축소한 지도입니다. 백두산에서 시작되는 백두대간과, 백두대간에서 뻗어 나가는 산맥 흐름이 하나하나 잘 나타나 있습니다. 지금은 그 당시 도화서의 화원이 정상기의 〈동국지도〉를 모사한 〈동국대지도〉가 남아 있습니다.

산줄기를 따라 흐르는 땅의 기운 〈대동여지전도〉

산을 하나하나 따로 그리지 않고 톱니 모양처럼 하나로 이어 그렸습니다. 선 굵기에 따라 산줄기의 규모를 가늠할 수 있습니다. 〈대동여지전도〉에 그려진 산줄기와 물길은 사람의 몸을 도는 핏줄처럼 우리 땅 곳곳에 힘차게 뻗어 있습니다.

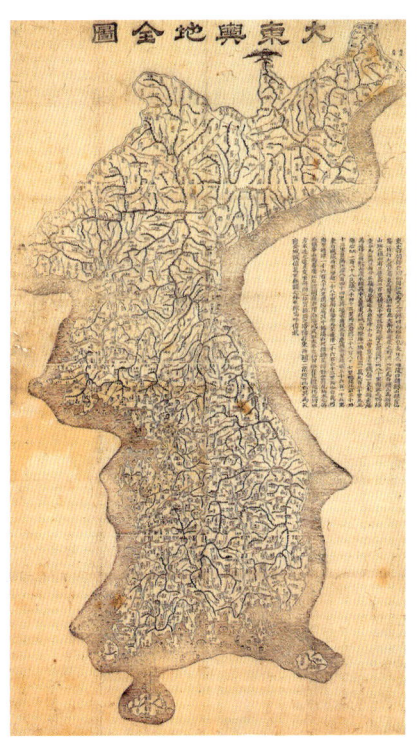

◀ 〈동국대지도〉
종이에 채색, 147.5×272.7cm,
18세기, 국립중앙박물관 소장

▶ 김정호 〈대동여지전도〉
목판본, 67.5×111cm, 19세기,
국립중앙박물관 소장

옛 지도의 다양한 색깔에서도 우리 땅의 힘찬 기운을 느낄 수 있습니다.
우리 조상들은 지도를 그릴 때 다섯 가지 색으로
땅의 기운을 나타냈습니다.
이 다섯 가지 색은 동서남북 모든 방위에서 하늘과
땅을 지키는 수호신들을 상징합니다.
우리 땅을 소중하게 지키려는 마음까지
지도에 담고자 한 것이지요.

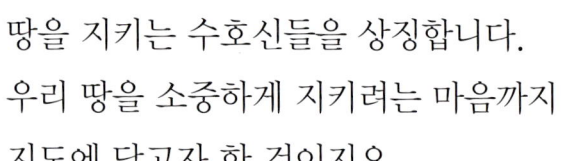

지도에서 색동저고리까지 알록달록 오방색

우리 지도에 쓰인 다섯 가지 색을 오방색이라고 합니다. 설날 곱게 차려입는 색동저고리의 색깔들도 오방색에서 나온 것이라고 해요.

땅의 기운을 나타내는 오방색은 동서남북과 중앙의 다섯 방위를 지키는 수호신들의 색이기도 하지요. 동쪽은 푸른색(청룡), 서쪽은 흰색(백호), 남쪽은 붉은색(주작), 북쪽은 검은색(현무), 가운데는 노란색(황룡)으로 상징합니다. 또 음양오행에 따라 푸른색은 나무, 흰색은 쇠(金), 붉은색은 불, 검은색은 물, 노란색은 흙을 나타냅니다.

그런데 지도를 보면 다섯 가지 색깔만 있는 것이 아닙니다. 오방색이 아닌 색깔들은 각 방위의 중간에 해당하는 것으로 오방간색이라 합니다. 우리 지도에는 녹색, 홍색, 벽색, 자색, 유황색의 오방간색들도 다채롭게 쓰였습니다. 이처럼 오방색을 바탕으로 그린 지도는 우리나라에서만 볼 수 있답니다.

오방색으로 그린 우리나라 〈조선방역지도〉

국보 제248호인 〈조선방역지도〉는 압록강과 두만강을 빼면 비교적 정확하게 그려진 지도입니다. 산과 강의 경계가 자세하게 표시되어 있고, 각 지방에 있는 중요한 읍(군, 현)의 이름을 오방색으로 칠했습니다. 산줄기를 굵고 가는 선으로 그려 넣은 이 지도에서는 마치 산맥들이 살아 있는 것처럼 보입니다.

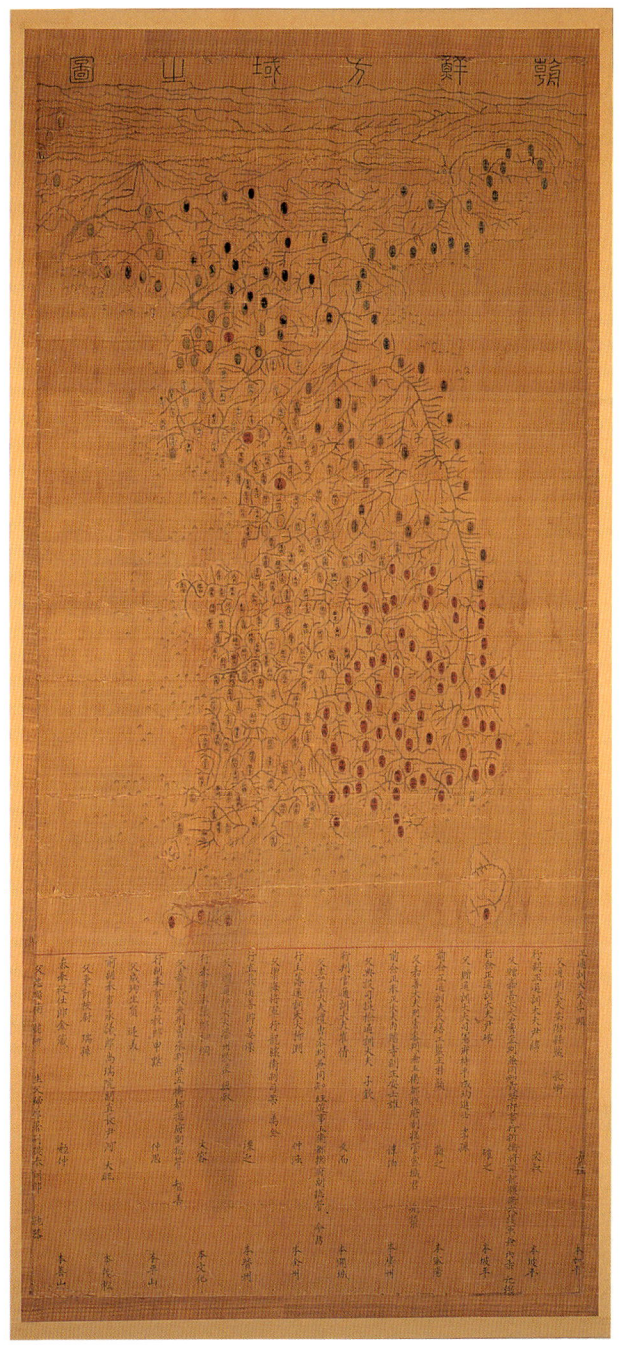

〈조선방역지도〉, 비단에 채색, 61×132cm, 1557년경, 국사편찬위원회 소장

〈해동팔도봉화산악지도〉, 채색, 149×218cm, 17세기 후반, 고려대학교 도서관 소장

한 폭의 아름다운 그림 〈해동팔도봉화산악지도〉_ 전국 팔도의 봉화대(봉수대)를 표시한 지도로, 다른 지도보다 다채로운 색깔로 그려져 마치 한 폭의 그림처럼 아름다운 지도입니다. 백두산과 금강산은 흰색으로, 나머지 산과 산맥들은 초록색으로 칠했습니다. 지역의 이름을 적은 동그라미들도 각 도마다 흰색, 붉은색, 노란색, 갈색, 녹색, 청색으로 다채롭습니다. 또한 바다를 나타내는 물결무늬는 부드럽게 출렁이는 파도를 보는 듯합니다.

산봉우리에 촛불처럼 그려 놓은 봉화는 압록강에서 두만강으로 이어지는 국경 지대에 특히 많습니다. 서해 쪽에 있는 네모 상자 안에는 서울의 남산을 중심으로 한 봉수로, 동서와 남북의 길이, 서울에서 동서남북 주요 지점까지 이르는 거리 등이 표시되어 있습니다.

지도에 봉화의 위치를 표시한 까닭은?

옛날에는 봉화가 소식을 가장 빨리 전달하는 방법이었습니다. 나라에 전쟁이나 큰 변이 생기면 높은 산봉우리에서 불을 피워 먼 곳에서도 그 소식을 알 수 있게 했습니다. 환한 낮에는 피어오르는 연기를, 깜깜한 밤에는 솟아오르는 불길을 이용했지요. 나라의 큰일을 빨리 알리기 위해서는 봉화의 위치를 정확히 알아야 했습니다.

우리나라는 백두대간에서 뻗어 나온 산줄기와 강줄기가 동서남북으로
잘 어우러져서, 전국 방방곡곡이 빼어나게 아름답습니다.
그리고 우리 땅 어느 곳에나 좋은 기운이 흐르고 있지요.
풍수에서 가장 좋은 땅으로 여겨지는 모양새는 뒤로는 산을 등지고
앞으로는 물이 흐르는 '배산임수' 지형입니다.

조선 시대 도성이었던 서울의 지도를 보면
북쪽으로 북한산과 백악산(북악산)이 늠름하게 서 있고,
동서로는 낙산(낙타산)과 인왕산이 포근하게 감싸고 있습니다.
안으로는 청계천이, 밖으로는 한강이 휘감고 흐르는
서울이야말로 왕이 살기에 가장 알맞다고 여겼지요.
이런 모양새의 서울을 수도로 삼아야 나라가 더욱
번창할 수 있다고 믿었습니다.

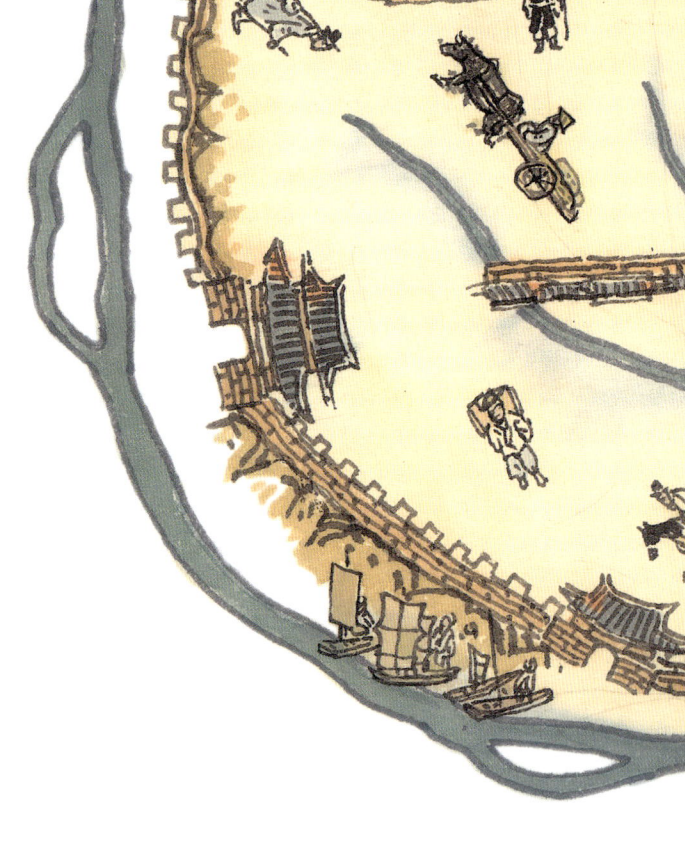

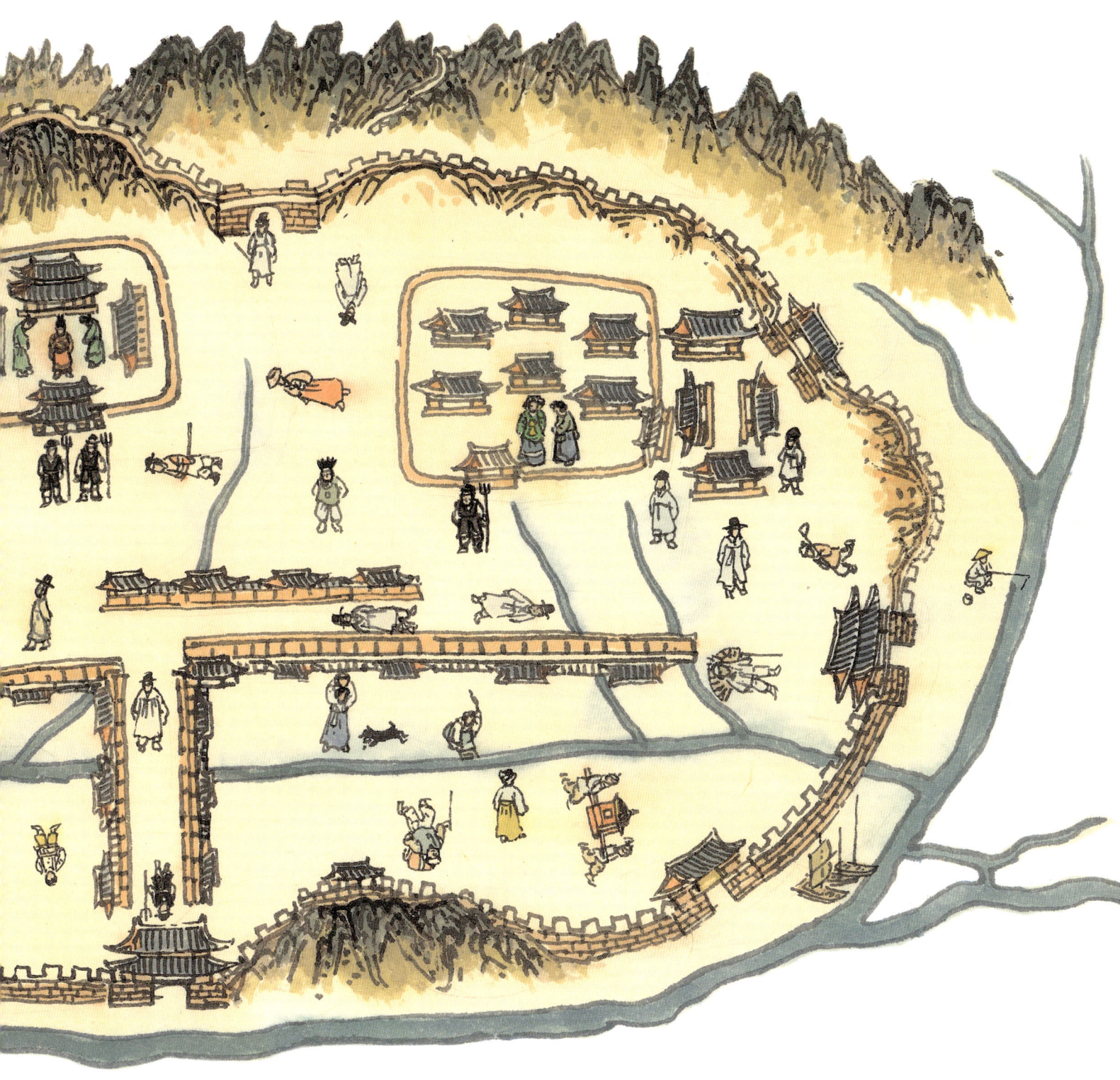

왕실에서 바라본 서울 〈도성도〉
보물 제1560호로 조선 시대의 서울을 그린 지도입니다. 이 지도에는 남산이 지도 위쪽에 있고, 동쪽과 서쪽의 위치도 뒤바뀌어 있습니다. 왕이 사는 궁궐에서 바라다보이는 서울의 모습을 그렸기 때문입니다. 〈도성도〉에는 서울의 아름다움과 왕실이 번창하기를 바라는 마음이 잘 표현되어 있습니다. 서울은 왕실의 권위를 상징하는 곳이므로 다른 지도들보다 서울의 지도는 특히 아름답고 품위 있게 그렸습니다.

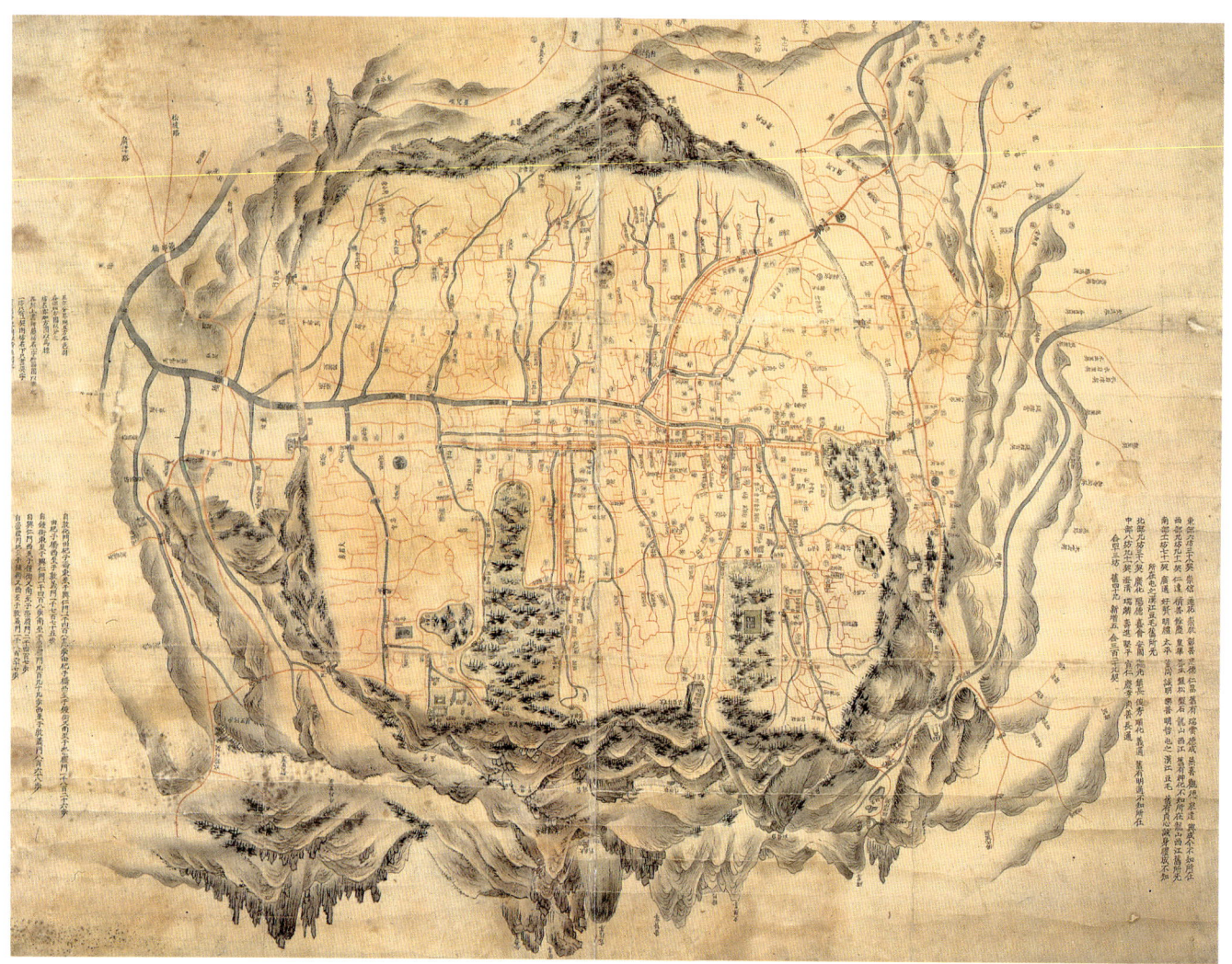

〈도성도〉, 채색, 92×67.5cm, 18세기 후반, 서울대학교 규장각 소장

🅢 **서울 목판 지도의 으뜸 〈수선전도〉**_ 보물 제853호인 〈수선전도목판〉으로 찍은 지도입니다. 1820년대의 궁궐과 종묘를 비롯한 서울의 주요 시설과 도로가 자세히 표기되어 있고, 지도 속 산의 모습은 〈도성도〉만큼 자세합니다. 〈수선전도〉는 정확성과 정밀함뿐만 아니라 목판 지도로서의 제작 솜씨가 무척 뛰어나 서울 목판 지도의 으뜸으로 손꼽힙니다.

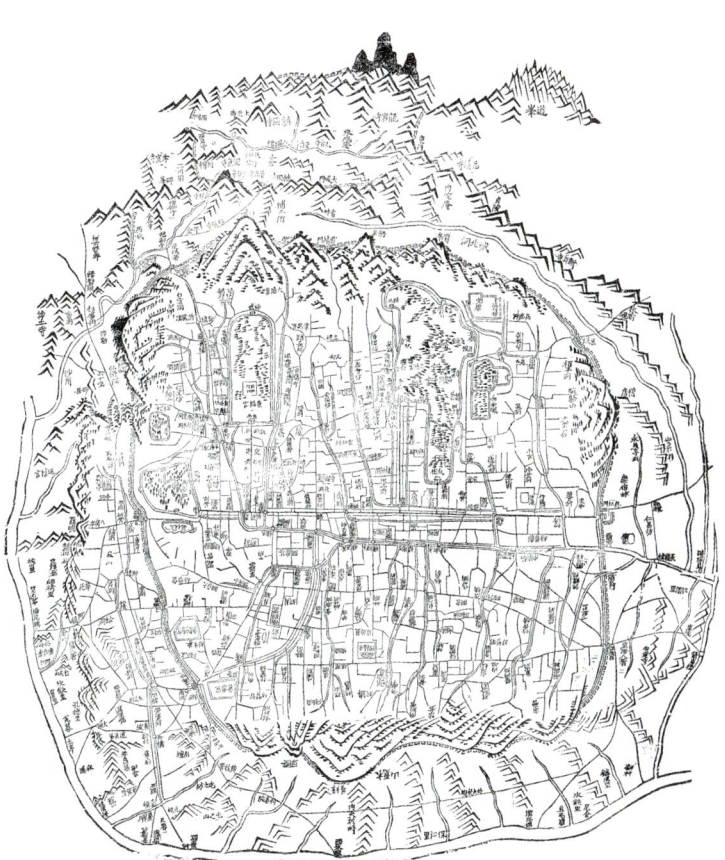

〈수선전도〉, 목판본, 국립중앙박물관 소장

김정호, 〈수선전도목판〉, 67.5×82.5cm, 1830년대, 고려대학교 박물관 소장

지방 구석구석의 모양을 그린 지도들도
저마다 하늘과 땅과 물이 만들어 낸 좋은 기운들을 담고 있습니다.
지방 지도에는 관청과 도로, 문화 시설 등을 자세히 그려 넣었습니다.
우리나라 곳곳의 풍경과 평안한 사람들의 모습이 어우러져 한 폭의 그림처럼
아름답지요. 이러한 지도는 백성을 다스리고 군사를 부리기 위해 사용됐습니다.
아무나 보지 못하도록 나라에서 철저하게 관리했답니다.

하늘에서 내려다본 듯한 〈전주지도〉_ 복사꽃이 활짝 핀 전주의 모습이 산수화처럼 아름답게 표현된 〈전주지도〉는 마치 하늘에서 내려다본 것처럼 정확하게 그려진 지도입니다. 누가 그렸는지는 전해지지 않지만 구성과 표현 기법을 봤을 때 18세기 후반에 전문적인 화가가 그렸다고 짐작이 됩니다.

〈전주지도〉는 밖으로는 산줄기가, 안으로는 네모난 성이 둘러져 있습니다. 성에는 이 지방을 다스리던 감사가 있었습니다. 지도를 잘 살펴보면 감사와 그를 따르는 사람들의 행차 모습이 보입니다. 성 남쪽에는 풍남문이라 불리는 이층으로 된 문이 있습니다. 성안 곳곳에 보이는 나무들 위에는 하얀 새들이 앉아 있습니다. 그리고 태조 이성계의 어진을 모신 경기전이 있습니다. 성 밖에는 백성들이 살던 집도 보이고 산과 나무와 강도 있습니다. 지도 오른쪽 아래에 그려진 누각은 한벽당으로, 물줄기가 바윗돌에 부딪혀 흰 옥처럼 부서지고 남쪽으로 흘러가는 모습이 아름다워서 전주의 큰 자랑거리였습니다.

전주의 경기전_ 전주는 조선 왕조의 제1대 왕 이성계의 본관입니다. 전주의 경기전은 바로 전주 이씨 이성계의 어진을 모셔 둔 전각으로 15세기에 지었다고 합니다. 이성계의 어진은 경주와 평양에도 모셔져 있습니다.

❶ 객사
❷ 경기전
❸ 풍남문
❹ 한벽당
❺ 전주천

〈전주지도〉. 종이에 채색, 89.8×149.9cm, 18세기 후반, 서울대학교 규장각 소장

평양의 표정을 고스란히 담은 〈평양도〉_ 커다란 병풍으로 된 〈평양도〉는 겹겹이 둘러싸여 있는 평양성 안팎의 재미있는 풍경들을 그린 지도입니다. 대동강을 따라 들어오는 감사 일행의 모습, 능라도에서 춤을 추는 선비들, 훈련관에서 패를 나누어 무언가를 연습하는 듯한 사람들의 모습이 잘 살아 있습니다. 조선 시대에는 주요 도시의 평화로운 모습을 지도에 담아 국가의 기강을 세우고자 했습니다.

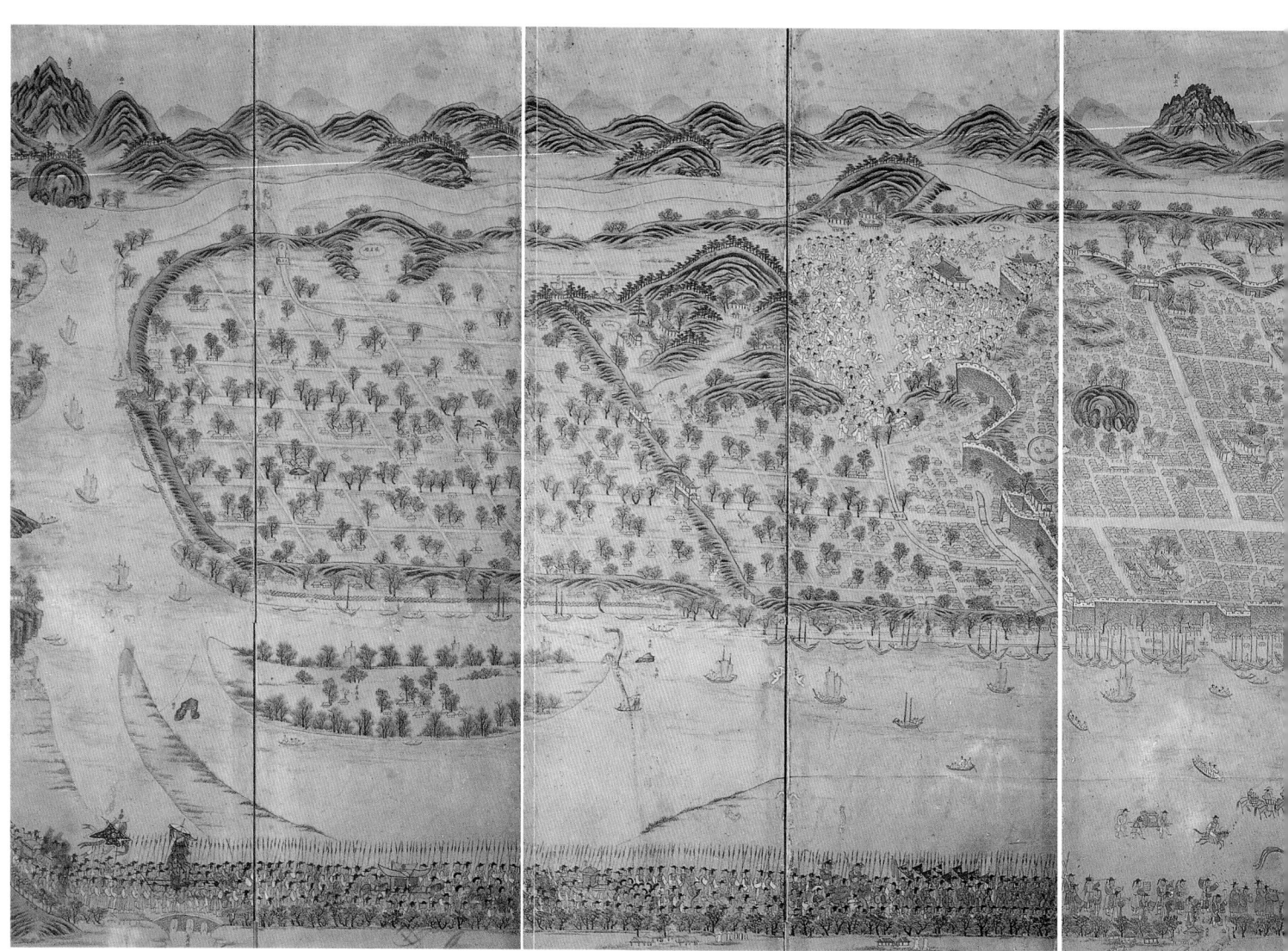

〈평양도〉, 종이에 채색, 각 폭 39×131cm(10폭), 19세기, 서울대학교 박물관 소장

우리 땅에 대한 사랑과 관심은 조금씩 더 큰 세상으로 뻗어 나갔습니다.
그 옛날 우리 조상들은 중국과 조선이 세상의 중심이라고 생각했습니다.
하지만 다른 여러 나라들과 교역을 하게 되면서
세상을 보는 눈도 점점 바뀌기 시작했습니다.
조선 학자들은 중국에서 들여온 서양의 세계 지도를 보고
이 세상에는 중국과 조선뿐만 아니라 크고 작은 나라들이 많다는 것을 알게 되었습니다.

중국과 조선은 세상의 중심 〈혼일강리역대국도지도〉_ 우리나라에서 만든 세계 지도 가운데 오늘날까지 남아 있는 가장 오래된 지도입니다. 1402년에 김사형·이무·이회·권근이 중국에서 들여온 지도들을 보고 그린 것으로, 원래 지도는 사라지고 그대로 베껴 그린 필사본 지도가 일본 류코쿠(龍谷) 대학에 있습니다. 지금 우리나라에 있는 지도는 류코쿠 대학에 있는 지도를 보고 그린 것입니다. 〈혼일강리역대국도지도〉에는 중국과 조선을 세상의 중심으로 봤던 그 당시 사람들의 인식이 담겨 있습니다. 세계 지리에 대한 지식은 부족했지만, 우리나라와 중국의 해안도와 지형을 꽤 정확하게 파악하고 있다는 점을 알 수 있습니다.

잘못 알고 있었던 나라 이름과 위치

조선 시대 사람들은 편평한 땅 위에 중국이 가장 크게 자리 잡고 있고 다음으로 조선이 있다고 생각했습니다. 조선 밑에 작은 섬처럼 그려 놓은 나라는 일본입니다. 지도에서 보이는 것처럼 실제보다 크기도 작고 위치도 잘못되어 있습니다. 조선 시대에는 일본으로 가려면 남쪽으로 내려가야 한다고 생각했기 때문에 조선의 남쪽 바로 밑에 일본을 그린 것이지요. 그때 일본은 힘이 아주 약했기 때문에 작은 나라로 여기고 지도에도 아주 작게 그려 넣었습니다.

이 지도에는 유럽에 있는 100여 개의 땅 이름과 아프리카에 있는 약 55개의 땅 이름이 적혀 있지만 실제 위치와 크기는 맞지 않습니다.

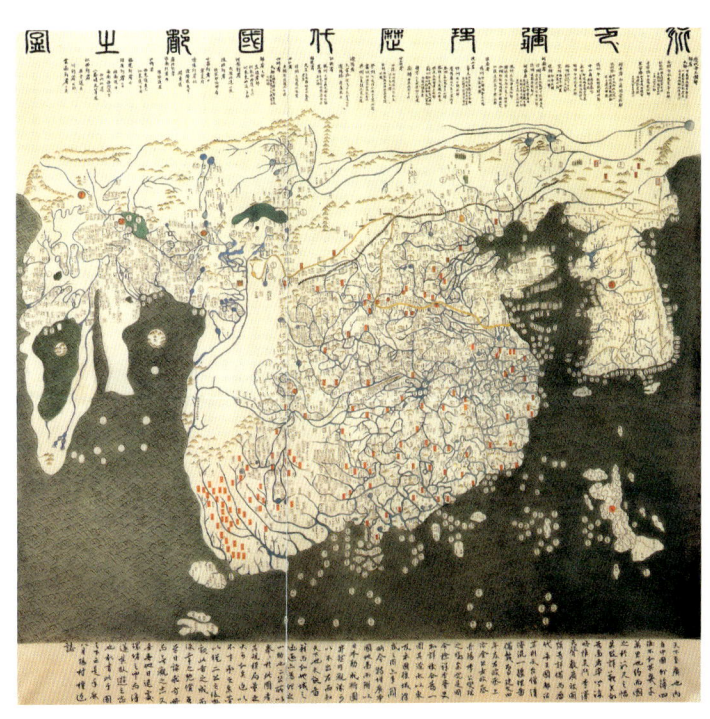

〈혼일강리역대국도지도〉, 종이에 채색, 168×158.5cm, 서울대학교 규장각 소장

색깔로 구별한 바다와 강

〈혼일강리역대국도지도〉에서 산맥은 선으로 그렸고, 바다는 초록색, 강은 파란색으로 칠했습니다. 바다와 강에 색을 칠하는 것은 중세 후기 아라비아 지구의에서 볼 수 있습니다. 그래서 많은 학자들이 〈혼일강리역대국도지도〉가 아라비아 지도의 영향을 받아 그려졌다고 추측하고 있습니다.

중국보다 더 큰 세상 〈곤여만국전도〉_ 이탈리아의 선교사 마테오 리치가 1602년 중국인을 위해 만든 세계지도 〈곤여만국전도〉에는 각종 천문학, 지리학적 설명이 덧붙여 있습니다. 〈곤여만국전도〉가 전해지자 조선의 지식인들도 중국이 세계의 중심이 아닐 뿐만 아니라, 아주 크고 넓은 다른 나라가 있다는 사실을 알게 되었습니다. 〈곤여만국전도〉에는 경도와 위도가 있고, 지금의 유럽·아프리카·아시아·아메리카에 해당하는 대륙들이 그려져 있습니다. 오늘날까지 남아 우리나라의 보물 제849호로 정해진 〈곤여만국전도〉는 마테오 리치가 만든 〈곤여만국전도〉를 1708년에 다시 그린 8폭짜리 지도입니다.

〈곤여만국전도〉. 채색. 1602년(1708년 필사). 서울대학교 박물관 소장

중국에 온 최초의 선교사, 마테오 리치

이탈리아의 선교사 마테오 리치는 1582년 중국으로 건너와 베이징에 살면서 서양의 발달된 수학, 천문학 등을 널리 전했습니다. 특히 서양의 과학적인 지도와 지리학책을 중국어로 번역해 중국 학자들에게 많은 도움을 주었습니다.

위치의 기준이 되는 위도와 경도

위도와 경도는 땅의 위치를 나타내기 위해 만든 가상의 좌표입니다. 위도는 가로로 된 좌표로서 적도와 평행선을 이룹니다. 경도는 세로로 된 좌표입니다. 지구 위에 있는 어떠한 곳의 위치도 위도와 경도가 만나는 지점으로 나타낼 수 있습니다.

알기 쉽게 다시 그린 세계 지도 〈천하도〉

17세기 초 서양에서 만든 세계 지도가 중국을 통해 우리나라로 들어오기 시작했습니다. 조선 시대 사람들은 먼 곳까지 여행을 해 본 적이 없었기 때문에 서양의 세계 지도에 나오는 땅 이름들이 낯설었고 이해하기도 쉽지 않았습니다. 그래서 우리 조상들은 땅에 대한 오랜 생각을 정리해 서양의 세계 지도를 보기 쉽고 알기 쉽게 다시 그렸습니다. 그 지도가 바로 〈천하도〉입니다. 동그란 모양의 〈천하도〉는 조선에서만 볼 수 있는 세계 지도입니다. 조선 후기에 실학자들이 만든 대부분의 〈천하도〉는 가운데 땅과 그 땅을 감싸고 있는 안쪽의 바다, 그리고 안쪽의 바다를 감싸고 있는 바깥쪽 땅과 그 땅을 둘러싼 바깥쪽 바다로 나뉩니다. 지도에는 나라와 산, 강 이름 등 140개가 넘는 이름들이 있습니다. 가운데 땅에 있는 나라 중에서 조선국, 중국, 안남국(베트남), 섬라국(타이), 유구국(오키나와), 일본을 빼면 모두 상상의 나라입니다. 수많은 산과 강 이름들도 실제로는 없는 것입니다.

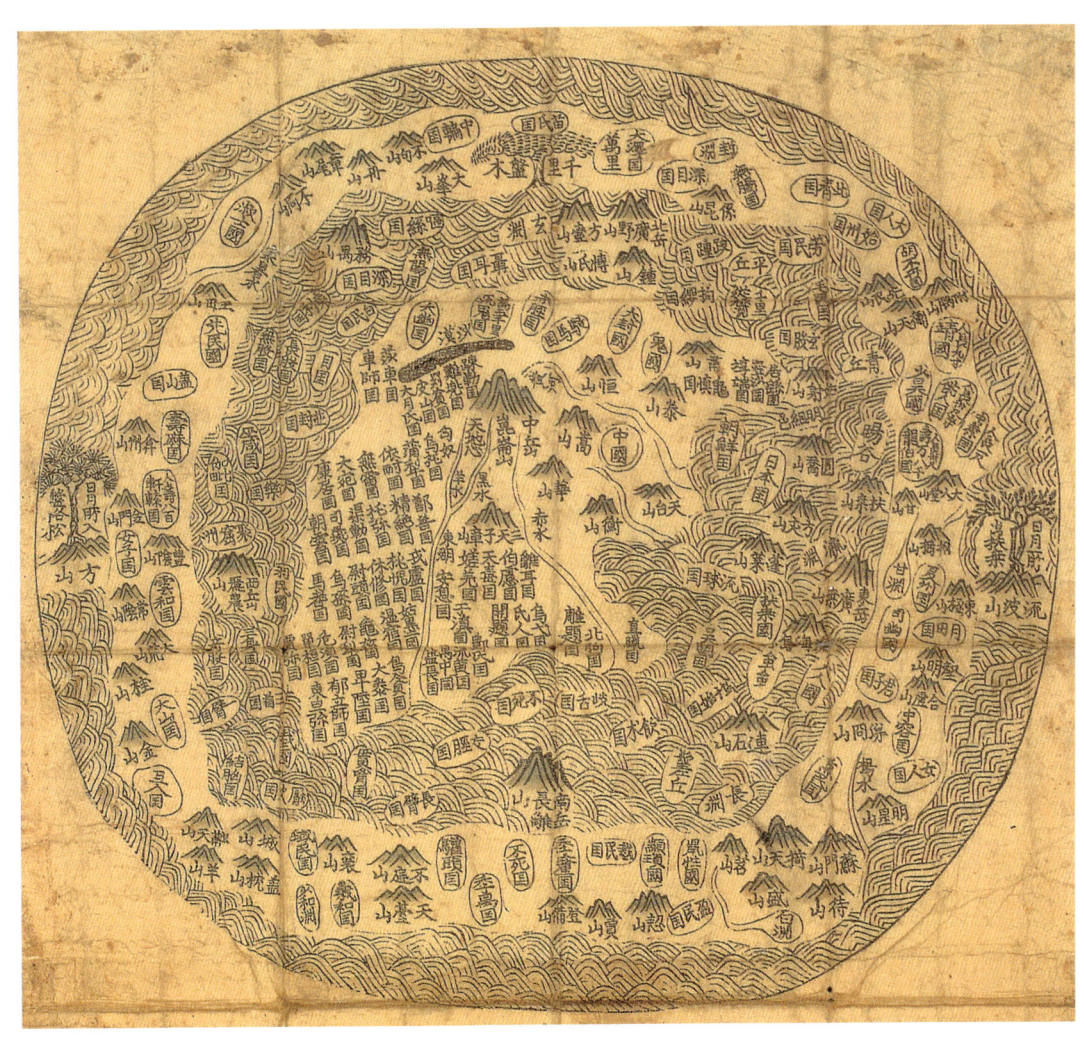

〈천하도〉, 목판본, 33×29cm, 17세기 말, 개인 소장

세계 여러 나라와 가까워질수록 우리 땅을 제대로 아는 것이 더욱 중요해졌습니다.
우리 땅 구석구석을 잘 알아야 나라를 지키기 위한 계획을 세울 수 있고,
전국 방방곡곡을 잇는 도로나 뱃길을 알아야 물건들을 서로 나눌 수 있으니까요.
그래서 많은 사람들이 정확한 지도를 만들기 위해 노력을 기울였습니다.

그럼 옛날에는 어떻게 지도를 만들었을까요?
무턱대고 높은 산에 올라가 내려다본다고 지도를 만들 수 있는 것은 아닙니다.
우리 조상들은 땅의 모양을 지도에 정확하게 옮기기 위해 여러 과학적인 방법을 사용했습니다.
풍수지리에 따라 땅의 기운을 살피고, 거리와 방향을 잴 수 있는 도구도 사용하였습니다.
옛 지도를 공부하고 새로운 기술을 받아들여 지도 만드는 법을 끊임없이 연구하였습니다.

옛 지도에 이용된 과학적인 방법들

거리 재기

옛날에는 '기리고차'라는 수레를 이용해 거리를 쟀습니다. 수레 바퀴가 돌아가는 횟수로 거리를 알 수 있었지요. 기리고차에는 수레가 일정한 거리를 움직이면 스스로 종을 치고 북을 울리는 장치가 있었습니다. 그래서 수레가 반 리를 가면 종을 한 번 치고, 일 리를 가면 여러 번 종을 쳤습니다. 또 수레가 오 리를 가면 북을 한 번 울리고, 십 리를 가면 북을 여러 번 울렸습니다. 지도를 만드는 사람들은 이 종소리와 북소리를 듣고 거리를 측정했습니다.

방향과 위치 알기

방향은 '범철'이라고 하는 나침반으로 알아냈습니다. 세종대왕 때는 천문관측대인 '간의대'를 만들었습니다. 간의대에는 여러 가지 관측 기구들이 설치되어 별자리의 위치와 땅의 위도·경도를 잴 수 있었습니다. 경복궁에 있던 이 간의대는 임진왜란 때 부서져 사라지고 말았습니다. 지금 창경궁에 남아 있는 간의대는 숙종 때 만든 것입니다.

삼각측량법

지금 있는 곳을 ㄱ으로 정하고 거리를 잴 수 있는 위치의 한 곳을 ㄴ으로 설정한 뒤, 거리를 재고 싶은 멀리 있는 목표점을 ㄷ으로 정하면, ㄱㄴㄷ 세 곳을 삼각형으로 묶을 수 있습니다. ㄱ과 ㄴ 사이의 거리는 정확히 잴 수 있기 때문에, 두 곳과 ㄷ의 끼인각을 각각 알면 변과 각도의 관계를 기초로 하여 목표점 ㄷ이 얼마나 떨어져 있는지를 계산할 수 있습니다. 길이를 잰 ㄱ과 ㄴ이라는 기준선이 있으므로 그 밖에 몇 개의 목표점을 정하고 그것들을 이어 많은 삼각형의 그물을 만들면 목표점과의 거리를 재면서 땅의 모양도 알아낼 수 있습니다. 이런 측량법을 '삼각측량법'이라고 합니다.

백리척

지도를 만들 때 편평한 땅은 그대로 그리면 되지만, 울퉁불퉁한 땅을 그리기는 쉽지 않습니다. 특히 우리나라처럼 크고 작은 산들이 많으면 정확한 거리를 계산해서 지도를 만드는 일이 더욱 어렵습니다. 조선 시대 정상기라는 사람은 여러 옛 지도들을 보고 편평한 땅은 100리를 1척으로, 울퉁불퉁한 땅은 120~130리를 1척으로 계산해 직접 가 보지 않고도 실제와 비슷한 지도를 만들 수 있었습니다. 이를 '백리척'이라고 합니다.

우리 옛 지도는 여러 사람들의 힘이 모여 만들어졌습니다.
먼저 거리와 방향을 정확하게 재는 일은 나라에서 맡았습니다.
지리와 풍수를 잘 아는 상지관이 땅의 모양과 기운을 살폈습니다.
이렇게 모은 자료를 가지고 나라에서 일하는 화가인 화원들이 지도를 그렸습니다.

땅을 살피는 상지관_ 조선 시대에는 천문과 지리, 날씨 등을 맡아보던 상지관이라는 벼슬이 있었습니다. 상지관은 풍수지리에 대해 많이 알고 있었습니다. 풍수지리는 이 세상의 모든 것을 살아 숨 쉬는 생명으로 여기고, 이들이 서로 조화롭게 살아간다고 여기는 학문입니다. 풍수지리에서는 사람도 이 세상을 이루는 자연의 하나로 보고, 사람과 자연이 조화롭게 사는 것을 가장 중요하게 여겼습니다. 상지관은 땅의 모양을 살펴 이를 사람의 길흉화복과 연결시켜 해석하였고, 사람이 자연과 사이좋게 살 수 있도록 도와주는 일을 했습니다. 땅과 강의 기운과 조화를 이루는 집과 무덤의 자리를 짚어 주었고, 왕의 탯줄을 묻는 곳도 정해 주었습니다. 요즘도 시골에서는 '지관'이라고 불리는 사람이 지남철이나 나침반을 가지고 다니면서 좋은 무덤 자리와 방향을 잡아 준답니다.

지도를 보관했던 비변사_ 비변사는 군사 업무를 맡아보던 관아로 전쟁에 대비해 문관과 무관이 함께 모여서 회의를 하던 기관입니다. 이들은 비변사에서 보관하는 지도를 펼쳐 놓고 둘러앉아 나라를 어떻게 지킬지 의논했습니다. 이렇듯 예나 지금이나 지도는 나라를 지키기 위해 꼭 필요한 문서입니다. 옛날에는 '책문후시'*라고 하여 다른 나라로 드나드는 출입구인 책문에서 사람들의 짐을 검사했습니다. 특히 우리나라 지도를 다른 나라로 가지고 나갈 수 없도록 철저히 확인했습니다. 지금도 아주 정밀한 우리나라 지도는 함부로 외국에 가지고 나갈 수 없습니다.

* **책문후시(柵門後市)** : 조선 시대에 중국 청나라와 행하던 밀무역 시장

여러 사람들이 함께 만들고 나라에서 소중히 보관해 온 옛 지도들은
다음에 더 나은 지도를 만들기 위한 밑거름이 되었습니다.

조선의 위대한 지리학자 김정호는 수많은 옛 지도들을 바탕으로
세계 어느 나라에서도 볼 수 없는 빼어난 지도들을 만들었습니다.
특히 〈대동여지도〉에는 옛 지도들이 가지고 있는
좋은 점들과 우리 땅에 대한 정확하고
풍부한 정보, 그리고 우리 땅을 사랑하는
마음을 담아 놓았습니다.

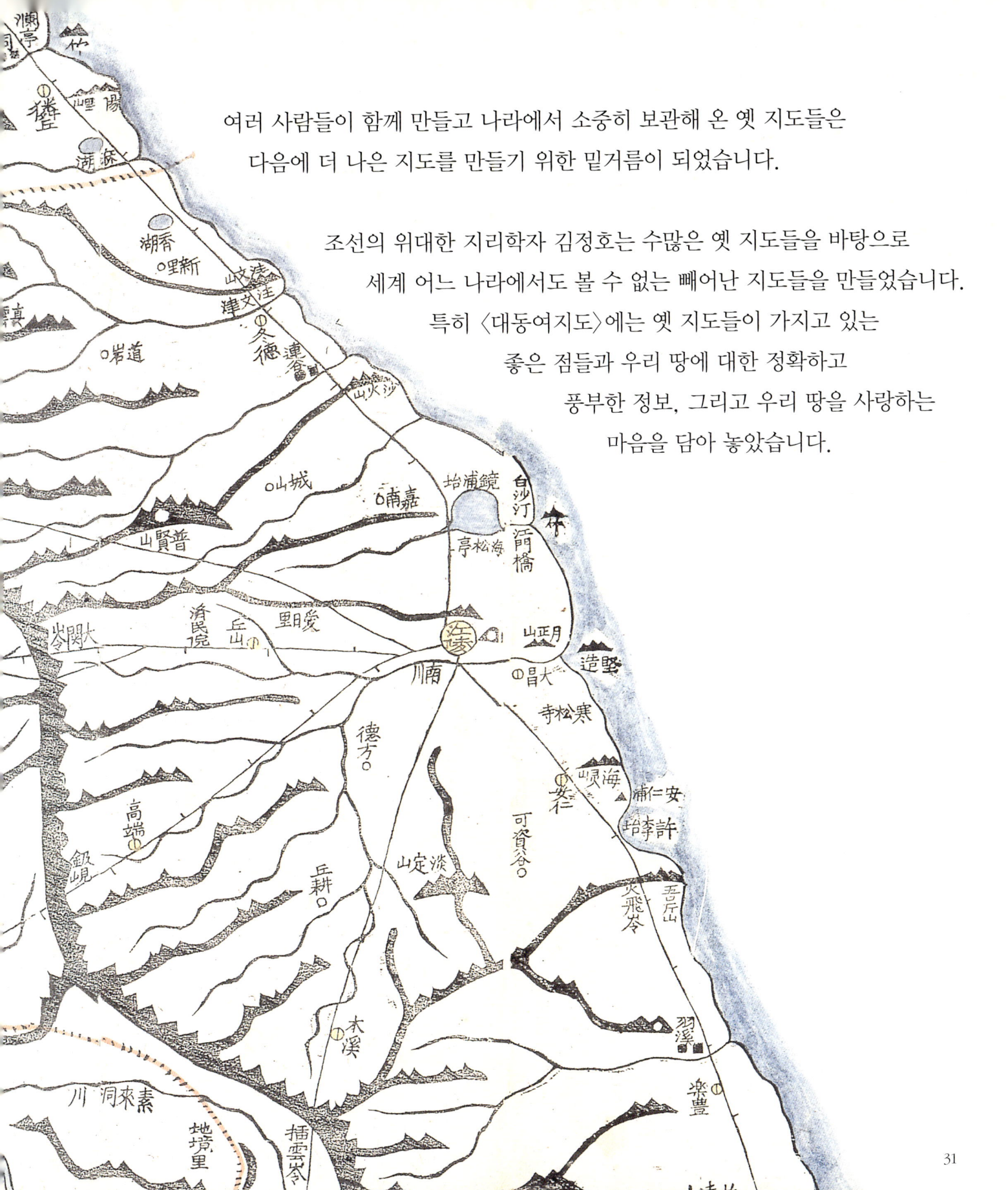

조선 최고의 지리학자 김정호와 지도 제작_

우리 땅 연구에 일생을 바친 지리학자 김정호는 〈대동여지도〉, 〈청구도〉, 〈동여도〉 같은 지도와 지도책을 만들었습니다. 조선 전기에는 나라에서만 지도를 만들고 보관했지만, 조선 후기에 들어서면서 일반 사람도 지도를 만들 수 있었습니다. 그래서 김정호는 많은 백성들이 널리 쓸 수 있는 지도를 만들게 되었습니다.

김정호가 지도를 만들기까지 여러 사람의 도움이 있었습니다. 특히 지도 제작에 관심이 많았던 신헌 장군과 최한기, 최성환 같은 관리들은 김정호에게 아무나 볼 수 없던 비변사와 규장각의 지도들을 보여 줬습니다. 지도에 대한 김정호의 특별한 애정과 방대한 지식, 그리고 지도 제작에 관한 놀라운 솜씨를 알아본 것이지요. 김정호는 옛 지도들을 통해 얻은 지식과 여러 사람의 도움으로 〈대동여지도〉를 완성할 수 있었습니다.

우리 지도의 최고봉 〈대동여지도〉

보물 제850호인 〈대동여지도〉는 목판에 새겨 만든 지도입니다. 김정호는 조선 후기에 발달했던 전국 지도, 상세한 내용을 담은 군사용 지도, 위도와 경도가 표시된 지도, 목판으로 만들어 많이 찍어 낼 수 있는 지도, 접어서 가지고 다닐 수 있는 지도 같은 여러 지도들의 장점을 한데 모아 가장 정확하고 정밀하며 내용이 풍부한 〈대동여지도〉를 만들었습니다.

김정호, 〈대동여지도〉, 목판본, 22첩(각 첩 20×30cm), 1861년, 성신여대 박물관 소장

3층 건물 높이의 커다란 지도

〈대동여지도〉는 우리나라 전체의 모습을 담고 있는 전국 지도로, 우리가 상상하는 것보다 훨씬 큽니다. 〈대동여지도〉는 전체를 22첩으로 나누어 접어서 쓸 수 있게 만들었는데, 22첩을 모두 펴서 이으면 가로 약 3미터, 세로 약 7미터에 이르는 커다란 지도가 됩니다. 이 길이는 3층 건물의 높이와 비슷합니다.

우리 땅에 대한 이해와 사랑이 잘 느껴지는 지도

김정호는 땅의 모습과 물의 흐름을 마치 살아 있는 생명을 대하듯 정성껏 그렸습니다. 굵고 검은 선으로 이어진 산줄기가 뻗어 나가는 모습은 마치 사람의 몸을 흐르는 핏줄처럼 기운이 넘칩니다. 산줄기는 굵기에 따라 그 높이를 가늠할 수 있습니다. 백두산에서 이어져 등뼈를 이루는 백두대간 산줄기를 가장 굵게, 거기서 뻗어 나가 큰 강을 가르는 산줄기를 그 다음으로 굵게 그렸습니다. 배를 타고 건너야 하는 큰 강은 두 줄로, 배가 다닐 수 없는 폭이 좁은 강은 한 줄로 그렸습니다.

우리 땅을 정확하게 그리고 싶었던 김정호는 〈대동여지도〉 목판본을 만든 후로 죽는 순간까지 계속 수정을 거듭하였습니다. 〈대동여지도〉는 우리나라의 전통적인 지도 기술이 한데 모여 완성된 뛰어난 지도이자, 우리 땅에 대한 김정호의 따뜻한 마음과 끈기가 담긴 지도입니다.

쉽게 볼 수 있는 지도

이전 지도에서 수많은 글자로 설명하던 것들을 〈대동여지도〉에서는 간단한 지도표로 표시하고 있습니다. 그래서 누구나 쉽게 지도를 볼 수 있었지요. 무덤, 역, 산성, 봉수, 관아 등이 22개의 지도표로 나와 있습니다.

영아	읍치	성지	진보	역참	창고	목소	봉수	능침	방리	고현	고진보	고산성	도로
▢ 영재읍치즉무표	◯ 무성 / ◎ 유성	산성 / 궐성	▢ 무성 / ▢ 유성	◐	■ 유성	牧 속장	▲	◯ 시봉능호서권내	∘	● 유성 / ◎ 구읍지유성	▲ 유성	⛰	1C 2C 3C 4C 5C 리

영아 : 감사가 직무를 보고 군대가 머무르는 관아(마을).
- 영재읍치즉무표 : 영아가 읍치에 있는 경우에는 回를 쓰지 않는다.

읍치 : 도(道) 아래 부·목·군·현 같은 지방 행정구역에 있는 오늘날의 시청이나 군청 같은 관청.
- 무성 : 읍치를 지키기 위해 쌓은 성이 없으면 ◯ 안에 마을 이름을 적는다.
- 유성 : 성이 있으면 ◎ 안에 마을 이름을 적는다.

성지 : 적의 침입에 대비해 쌓은 성.
- 산성 : 산에 쌓은 성.
- 궐성 : 궁궐이나 고을을 지키기 위해 바깥 부분을 에워 쌓은 성.

진보 : 진은 지방 군대가 머무르는 지방 행정구역을 이르며, 절도사 같은 벼슬아치가 머물고 있는 진은 앞서 말한 영아이다. 보는 흙을 쌓아 만든 작은 성으로, 진에 딸린 군대가 머무르는 곳을 말한다.
- 무성 : 성이 없는 진보에는 □ 표시를 한다.
- 유성 : 성이 있는 진보에는 回 표시를 한다. 영아의 표시와 같은 모양이지만 크기가 작다.

역참 : 나랏일을 수행하는 여행자에게 말과 먹을 것, 잠자리를 제공하는 곳.

창고 : 나라의 물건을 보관하는 곳.

목소 : 주로 말을 키우는 목장.
- 속장 : 우리에 가두어 가축을 기르는 곳.

봉수 : 봉수대가 있는 곳.

능침 : 죽은 왕과 비의 무덤.
- 시봉능호서권내 : 능호의 첫 글자를 ◯ 안에 써넣어 능침을 표시한다. 표시 모양이 비슷한 성이 없는 읍치는 ◯ 안에 두 글자를 써넣어 서로 구별한다.

방리 : 오늘날의 읍·면·동에 해당하는 행정구역.

고현 : 지도가 만들어졌을 때를 기준으로 그 이전에 없어진 현의 지방 관청.
- 구읍지유성 : 지방 관청이 다른 곳으로 옮겨 가기 전에 있던 터로 성이 있는 곳.

고진보 : 지금은 쓰지 않는 오래된 진과 보.

고산성 : 군대가 주둔하지 않고 비워 둔 옛 산성.

정확하게 알려 주는 지도

〈대동여지도〉는 산줄기마다 선의 굵기를 다르게 표시하여 산의 크기와 높이를 한눈에 알 수 있습니다. 또한 도로를 직선으로 표시해 강과 구분했고, 10리마다 점을 찍어 거리를 알려 주었습니다. 하지만 눈금 간격은 일정하지 않았는데, 이는 땅이 편평한 곳은 10리 간격을 길게, 산이 있는 곳은 10리 간격을 짧게 나타냈기 때문입니다. 지도를 보는 사람들은 이 눈금으로 실제 땅의 크기는 물론 땅의 모양까지도 가늠할 수 있었습니다. 원하는 곳까지 이르는 거리도 비교적 정확하게 알 수 있었습니다.

〈대동여지도〉는 잦은 외침으로부터 나라를 지키는 데도 큰 몫을 하였습니다. 정확한 지도를 보면서 군대를 어디에 머물게 할지, 그 지역의 지형을 어떻게 이용할 수 있을지 등을 신중히 결정하여 전략을 짰습니다.

가지고 다니기 편리한 지도

〈대동여지도〉는 22첩으로 나뉘어 있어 필요한 부분만 골라 편리하게 가지고 다닐 수 있었습니다. 〈대동여지도〉의 한 첩은 우리나라를 남북으로 120리씩, 22층으로 나누어 놓은 것 중 하나입니다. 한 층은 동서 방향으로 아코디언처럼 접었다 폈다 할 수 있도록 접어 놓았는데, 80리 간격을 기준으로 접었으며, 이것을 한 절로 구분하였습니다. 한 절의 크기는 가로 20센티미터, 세로 30센티미터 정도였습니다. 따라서 각각의 첩으로 접어 놓은 〈대동여지도〉는 어디든 가지고 다닐 수 있었고, 원하는 부분을 손쉽게 펼쳐 볼 수 있었습니다.

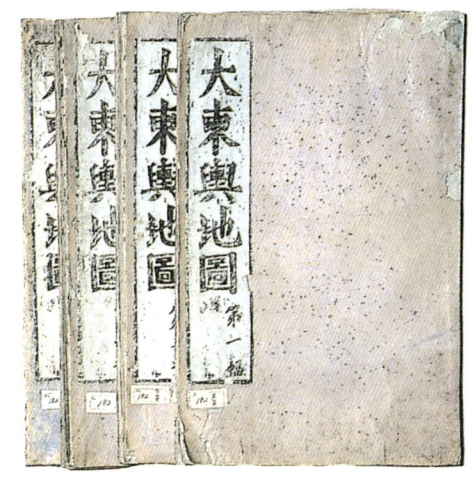

가지고 다니기 편리한 〈대동여지도〉 ⓒ 국립중앙박물관

많은 사람이 쓸 수 있는 지도

직접 손으로 그리는 지도는 똑같은 지도를 여러 장 만들기가 어렵습니다. 하지만 〈대동여지도〉는 목판에 새겨서 만들었기 때문에 똑같은 지도를 빠른 시간 안에 얼마든지 찍어 낼 수 있었습니다. 〈대동여지도〉가 만들어지면서 지도 구하기가 한결 쉬워지자 백성들도 장사를 하거나 여행을 할 때 마음껏 지도를 이용하게 되었답니다.

〈대동여지도〉 목판본 ⓒ 국립중앙박물관

우리 옛 지도는 정확한 땅의 모양을 알기 위한 용도로만 쓰인 것은 아닙니다.
조상들은 땅의 모양새를 아름답게 그린 지도를 마치 하나의 그림처럼 즐겨 보았습니다.

조선 후기에 우리 땅의 빼어난 경치를 그대로 화폭에 옮긴 진경산수화가 널리 퍼지면서
지도도 진경산수화를 닮아 갔습니다.
많은 화가들이 그림을 그리듯 자연의 아름다움을 있는 그대로 지도에 담았습니다.

바다에 핀 꽃봉오리 〈울릉도 외도〉

이 지도에서는 산들이 바깥쪽으로 향하지 않고, 안쪽 가운데를 향해 모여 있습니다. 마치 꽃봉오리가 맺힌 듯이 보이는, 매우 특이한 구도입니다.

이규원, 〈울릉도 외도〉, 채색, 97.5×134cm, 1882년,
서울대학교 규장각 소장

🖼️ **금강산을 그대로 옮겨 놓은 지도 〈금강내산총도〉**_ 1711년에 금강산의 아름다운 풍경을 그린 지도입니다. 진경산수화처럼 아름답지만 산길이 뚜렷이 나타나 있고 곳곳에 땅 이름이 쓰여 있는 금강산 여행 지도입니다. 실제로 이 지도가 만들어졌을 때 금강산 여행이 유행했다고 합니다.

정선, **〈금강내산총도〉**, 비단에 담채, 37.4×36cm, 1711년, 국립중앙박물관 소장

정선, **〈금강전도〉**, 종이에 담채, 94.1×130.7cm, 1734년, 호암미술관 소장

진경산수화

옛날 화가들은 오랫동안 중국에서 전해진 화법으로 우리나라의 산을 그려 왔습니다. 하지만 조선 시대의 화가 정선은 중국 화법과 다른 독창적인 기법으로 우리 산천의 모습을 그리기 시작했습니다. 머릿속으로 상상한 그림이 아니라 실제 풍경을 그렸다고 해서 그의 그림들을 '진경산수화'라고 합니다.

🖼️ **지도에서 영향받은 그림 〈금강전도〉**_ 위에서 내려다보는 시점으로 금강내산 전체를 조망하듯 그린 진경산수화입니다. 금강산의 무수한 겹겹의 바위산들이 거침없는 필선으로 거세게 표현되어 있습니다. 〈금강전도〉는 화법과 구도에서 그 당시 지도 제작법의 영향을 받은 것으로 여겨집니다.

🖼 **임금님이 사는 궁궐을 그린 지도 〈동궐도〉**_ 수많은 화원과 문인화가들이 함께 만든 거대한 궁궐 지도입니다. 〈동궐도〉는 창덕궁과 창경궁의 모습을 열여섯 책의 화첩에 나누어 담았습니다. 화첩을 모두 펼쳐 이으면 커다란 건물의 한 면을 채우고도 남을 만큼 아주 큰 지도가 됩니다. 이 지도는 마치 하늘에서 비스듬히 궁궐을 내려다본 것처럼 그렸으며, 창덕궁과 창경궁에 있는 건물들과 연못은 물론이고, 나무들과 장독대까지 빼놓지 않고 아주 자세하게 그렸습니다.

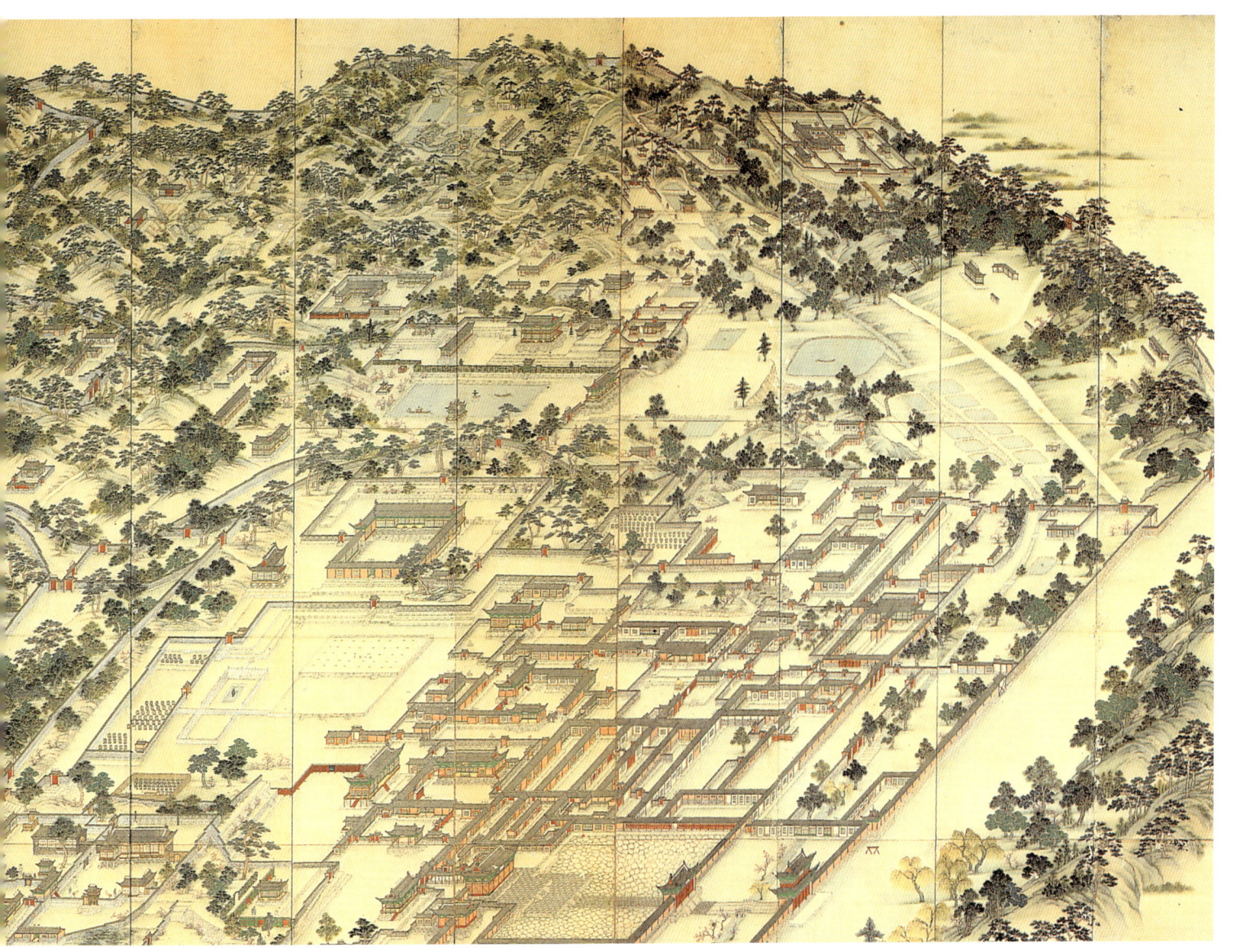

〈동궐도〉, 채색, 576×273cm, 1828년경, 고려대학교 박물관 소장

〈대동여지도〉, 〈천하도〉, 〈수선전도〉를 비롯한 아름다운 우리 옛 지도에는
땅과 사람이 더불어 살아가기를 바라는 마음이 담겨 있습니다.
땅이 사람을 지켜 주기를, 사람은 땅을 섬기며 어울려 살아가기를 바랐습니다.

이런 바람들을 되새기며 옛 지도를 보면,
우리 땅에 대한 사랑이 어느새 커다란 지도처럼 한없이 펼쳐지는 것을 느낄 수 있습니다.

오늘날 볼 수 있는 여러 가지 지도

　오늘날 만들어지는 지도들은 땅의 모습을 정확하게 담고 있습니다. 인공위성으로 촬영을 하면 지구에 있는 어떤 곳이든 그 위치와 크기를 알 수 있습니다. 이러한 첨단 기술을 이용한 과학적인 측정으로 쓰임이 다른 여러 가지 지도들을 만들고 있습니다. 우리나라의 지도는 1958년에 처음 설립된 국방부 지리 연구소에서 만들어 오다가 지금은 국립 지리원에서 만들고 있습니다. 국립 지리원에서는 지도로 만들고자 하는 곳에 직접 찾아가거나 인공위성에서 보내 온 영상 자료, 항공 사진, 그리고 다른 지도들을 참고해서 보다 정확한 지도를 만들기 위해 애쓰고 있습니다.

지형도
우리가 흔히 보는 지도를 지형도라고 합니다. 지형도를 보면 산과 바다는 어디에 있는지, 강은 어디로 흐르는지, 도시와 도시를 연결하는 고속도로와 철도는 어디에 있는지 한눈에 알 수 있습니다.

관광지도
여행을 가는 사람에게 필요한 지도입니다. 어디에 가면 무엇을 볼 수 있고 묵을 곳은 어디에 있는지, 그리고 어떤 길로 가야 하는지 자세히 나와 있습니다.

해저도
바다 깊은 곳의 땅 모양을 알려 주는 지도입니다. 해저 탐사를 할 때 필요합니다.

문화재지도
문화재가 있는 곳을 가르쳐 주는 지도입니다.

토지이용도
땅의 쓰임새를 알 수 있는 지도입니다.

식생도
우리나라 각 지방에 어떤 나무들이 자라고 있는지 보여 주는 지도입니다.

인구도
각 지방마다 사람들이 어느 정도 살고 있는지 알 수 있는 지도입니다.

해도
바다의 깊이, 바닷가와 섬의 모양이 나와 있는 지도입니다.

일기도
날씨를 기록한 지도입니다. 지역별 기압과 기온, 풍향과 풍속, 해류의 방향 등을 분석하여 표시합니다.

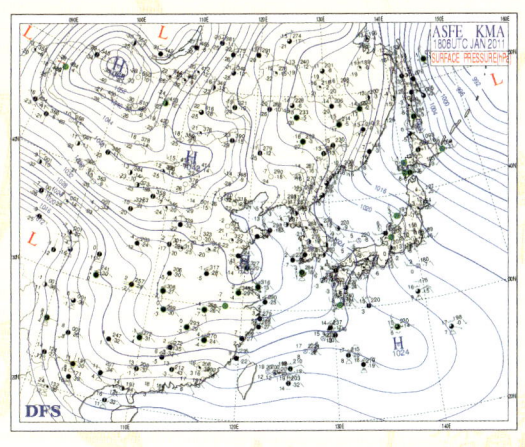

기상청의 분석일기도

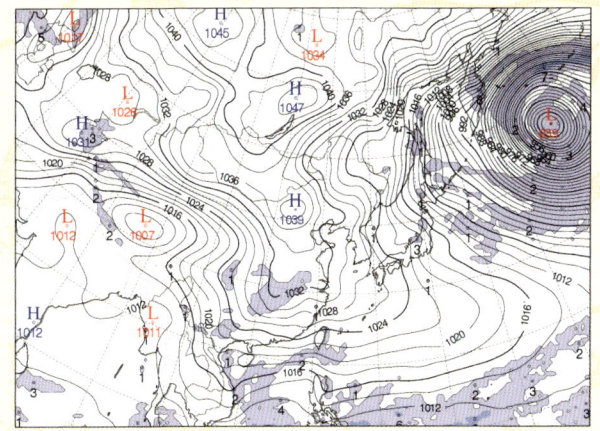

육상예상일기도

작가의 말

　우리나라의 지도를 이야기하면 흔히 〈대동여지도〉를 가장 먼저 떠올립니다. 여러분도 김정호가 〈대동여지도〉를 만드는 과정을 동화책이나 위인전을 통해 많이 읽었을 것입니다. 그만큼 〈대동여지도〉는 우리에게 친숙하고 유명한 지도입니다. 〈대동여지도〉는 인공위성을 비롯한 각종 첨단 기술을 이용하여 만든 지금의 지도와 비교해도 손색이 없을 정도로 정확한 지도입니다. 세계 여러 나라의 지리학자들도 이 정확하고 아름다운 옛 지도에 감탄하였으며, 〈대동여지도〉를 세계에서 가장 빼어난 지도로 손꼽고 있습니다.
　하지만 〈대동여지도〉가 김정호 혼자의 힘이 아니라 여러 사람들의 노력이 함께 모여 이룬 결과이며, 오랫동안 쌓아 온 지도 만들기 기술의 성과라는 것을 아는 사람은 많지 않습니다. 우리 조상들은 〈대동여지도〉가 만들어지기 훨씬 오래 전부터 땅의 모양, 방향, 거리를 재기 위한 과학적인 방법들을 사용하여 정확한 지도를 만들 수 있었습니다. 기리고차와 범철은 거리와 방향을 재기 위한 도구였고, 간의대에서는 별자리의 위치를 보고 위도와 경도까지 정확하게 계산할 수 있었습니다. 또한 삼각측량법과 백리척을 이용하여 입체적인 거리까지 계산할 수 있었습니다.

　우리 옛 지도가 빼어난 이유는 정확하기 때문만은 아닙니다. 우리 조상들은 우리가 살고 있는 땅이 사람처럼 살아 숨 쉬고 있다고 믿었습니다. 땅은 오랜 옛날부터 우리와 함께 살아온 또 다른 우리의 모습인 셈이지요. 따라서 우리 땅 곳곳에는 사람의 신체 부분과 같이 저마다 다른 역할을 하는 기운이 깃들어 있다고 생각했습니다. 그래서 우리 옛 지도에는 살아 숨 쉬고 있는 우리 땅이 힘찬 선으로, 모양으로, 색깔로 그려져 있습니다. 우리는 옛 지도를 통해 이 땅에서 오랫동안 살아온 우리 자신의 모습을 볼 수 있습니다.
　한 폭의 멋진 그림을 그리듯 아름다운 지도를 만들었던 우리 조상들에게 지도는 모르는 곳을 찾아갈 때 쓰는 도구에 그치지 않았습니다. 지도를 통해서 왕의 위엄을 기리고, 역사 속의 자랑스러운 한순간을 기억하고, 아름다운 경치가 펼쳐진 곳에 찾아간 것처럼 느꼈습니다. 옛 지도를 보면 우리 조상들이 어떻게 세상을 바라보았는지, 그리고 세상에 어떤 바람을 가지고 있었는지 알 수 있습니다.

『세상을 보는 눈 지도』를 통해 여러분은 조상들의 지혜를 배웠을 것입니다. 그리고 땅과 자신을 하나로 보았던 그 마음을 느낄 수 있었을 것입니다. 우리 조상들이 그랬던 것처럼 세상과 나를 하나로 묶어 주는 지도를 만들어 보세요. 그 지도에 내가 생각하는 세상, 내가 가지고 있는 기억, 내가 꿈꾸어 온 바람들을 담아 보세요. 그 지도는 여러분 안에 살아 숨 쉬고 있는 우리 땅과, 이를 사랑했던 우리 조상들을 만날 수 있게 해 줄 것입니다.

참고한 자료들

김광언,『풍수지리』, 대원사
방동인,『한국 지도의 역사』, 신구문화사
서울역사박물관·고려대학교 박물관,『서울, 하늘, 땅, 사람』
이상태,『한국 고지도 발달사』, 혜안
최창조,『땅의 논리 인간의 논리』, 민음사
한영우·안휘준·배우성,『우리 옛 지도와 그 아름다움』, 효형
백두대간 www.angangi.com

감수의 글

어린이는 미래를 이끌어 갈 꿈나무들입니다. 꿈을 가진 어린이가 자라야 미래가 밝아질 수 있습니다. 꿈을 심어 주는 일에 책읽기만큼 중요한 것이 없고, 어릴 때 읽은 책은 일생 동안 잊히지 않습니다. 그래서 어린이일수록 아름다운 꿈을 심어 줄 수 있는 양서가 필요합니다.

지금 우리나라에는 어린이들을 위한 양서가 그리 많지 않은 것 같아 늘 마음이 안타깝습니다. 양서라 하더라도 외국 책을 번역한 것이 많고, 우리의 전통문화를 다룬 것은 의외로 적은 것 같습니다. 우리의 문화유산을 제대로 알아야 자신을 귀하게 생각하면서 당당하게 세계 무대에 나가 주인으로 활동할 수 있을 겁니다.

그러나 안타깝게도 우리의 역사와 문화는 무너지고 잊힌 것이 너무 많습니다. 그렇기에 사라져 가는 소중한 역사와 문화를 다시 일으켜 세우고 어린이들에게 제대로 알리는 것은 매우 의미 있는 작업입니다.

나는 우리 역사와 문화를 오랫동안 공부하면서 대학생이나 일반인들을 위한 책은 여러 종류를 출판했으나, 어린이를 위한 책을 쓰지 못한 것을 늘 아쉽게 생각해 왔습니다. 그러다가 우리 문화를 알리는 좋은 책을 만들고자 애쓰는 사람들을 만나게 되었습니다. '청동말굽'의 회원들이 바로 그분들입니다. 이들은 자신들이 만든 원고를 나에게 감수해 줄 것을 부탁해 왔습니다. 나는 평소에 하고 싶었던 일이기에 원고를 꼼꼼하게 읽고, 그림도 조심스럽게 살피면서 도움말을 주었고, 그분들은 최선을 다하여 내 의견을 받아들였습니다.

이제 '전통문화 즐기기' 시리즈도 여러 책이 나와 어린이들의 사랑을 크게 받고 있는 것으로 알고 있습니다. 나의 손주들도 이 책의 애독자임을 밝혀 둡니다. 그동안 원고를 만든 청동말굽의 여러분들과 정성스럽게 그림을 그려 주신 화가님들, 이 책을 출판해 주신 문학동네 여러분들께 진심으로 고마운 마음을 전합니다.

부디 우리 어린이들도 책을 만든 분들과 한마음이 되어 우리 역사와 문화를 즐기고 사랑하면서 미래의 한국과 세계를 이끌어 가는 아름다운 꿈나무로 무럭무럭 자라기를 바랍니다.

한영우(서울대 명예교수, 이화여대 석좌교수, 문화재위원)

세상을 보는 눈 지도

ⓒ 2004 글 청동말굽·그림 낙송재

1판 1쇄 2003년 9월 8일 | 개정판 1쇄 2011년 2월 28일 | 개정판 5쇄 2020년 9월 3일

기획·글 청동말굽 | 그림 낙송재 | 펴낸이 염현숙
책임편집 정혜경 | 편집 이복희 홍아람 | 디자인 김선미
마케팅 정민호 나해진 최원석 | 홍보 김희숙 김상만 지문희 우상희 김현지
제작 강신은 김동욱 임현식 | 제작처 영신사(인쇄) 신안제책사(제본)
펴낸곳 (주)문학동네 | 출판등록 1993년 10월 22일 제406-2003-000045호 | 주소 10881 경기도 파주시 회동길 210
전자우편 kids@munhak.com | 홈페이지 www.munhak.com | 카페 cafe.naver.com/mhdn
페이스북 facebook.com/kidsmunhak | 트위터 @kidsmunhak | 북클럽 bookclubmunhak.com
대표전화 (031)955-8888 | 팩스 (031)955-8855 | 문의전화 (031)955-3579(마케팅) (02)3144-3236(편집)
ISBN 89-8281-826-X   74810

잘못된 책은 구입하신 서점에서 교환해 드립니다.

이 도서의 국립중앙도서관 출판예정도서목록(CIP)은 서지정보유통지원시스템 홈페이지(http://seoji.nl.go.kr)와
국가자료종합목록 구축시스템(http://kolis-net.nl.go.kr)에서 이용하실 수 있습니다.(CIP제어번호: CIP2004001038)

어린이제품 안전특별법에 의한 기타표시사항 제품명 도서 | **제조자명** (주)문학동네 | **제조국명** 한국 | **사용연령** 8세 이상